Meine Low-Carb-Sylvester-Party

Finger-Food, Mitternachts-Suppen und coole Getränke

Lisa Messner

Inhaltsverzeichnis:

Vorwort   Seite   4

Finger-Food   **Seite**   **6**
Schlemmer-Frikadellen   Seite   7
Raffinierte Käsefrikadellen   Seite   8
Party-Schnitzel in Mandel-Panade   Seite   9
Roastbeef für Genießer   Seite 11
Hähnchenschenkel mit Rosmarin   Seite 12
Eierplatte mit Garnelen   Seite 14
Traumhafte Garnelenspieße   Seite 15
Marinierte Riesengarnelen   Seite 16
Würzige Champignonspieße   Seite 17
Gefüllte Champignons mit Frischkäse   Seite 18
Serrano-Schinkenröllchen mit Champignons   Seite 20
Schlemmer-Tomaten mit Thunfisch-Füllung   Seite 22
Party-Pizza   Seite 24

Salate   **Seite** **26**
Rucolasalat mit Parmaschinken   Seite 27
Rapunzel mit Käse   Seite 28
Eisbergsalat mit Putenfiletstreifen   Seite 30
Tomatensalat mit Feta-Käse   Seite 32
Süßer Krautsalat   Seite 34
Fleischsalat mit Käse   Seite 36
Lollo Rosso mit Räucherlachs   Seite 37
Chicoree-Salat mit gebratenen Pfifferlingen   Seite 38

Suppen	Seite	**40**
Deftige Goulaschsuppe	Seite	42
Tomatensuppe mit Lachs	Seite	44
Käse-Lauch-Suppe mit Rinder-Hackfleisch	Seite	46
Zwiebelsuppe mit Parmesan	Seite	48
Kürbis-Suppe mit Sonnenblumenkernen	Seite	50
Champignoncremesuppe mit Petersilie	Seite	52
Bunte Gemüsesuppe mit Fleischbällchen	Seite	54
Fischsuppe mit Meerrettich	Seite	56
Getränke	**Seite**	**58**
Erfrischende Zitronen-Limetten-Bowle	Seite	60
Alkoholfreie Erdbeer-Bowle mit Zitrone	Seite	62
Fruchtige Holunder-Bowle mit Schuss	Seite	64
Prickelnder Himbeer-Traum	Seite	66
Tropischer Kiwi-Genuss	Seite	68
Coole Johannisbeer-Bowle (auch für Kinder)	Seite	70
Impressum	**Seite**	**72**

Vorwort:

Die Sylvester-Party ist immer der Höhepunkt des Jahres.
Wenn man an diesem besonderen Tag Gäste eingeladen hat, steht man vor einigen besonderen Herausforderungen.

In den meisten Fällen trudeln die Gäste zu den unterschiedlichsten Zeiten ein, wodurch eine festliche Tafel mit einem mehrgängigen Menü eine eher unpraktische Lösung zur Verpflegung der Besucher darstellt.

Viel angenehmer ist sowohl für den Gastgeber als auch für die Gäste in diesem speziellen Fall ein kaltes Büffet mit Finger-Food und verschiedenen Salaten.

Auch dauert die Sylvester-Party in den meisten Fällen erheblich länger als sonstige Feiern, da ja alle Gäste gemeinsam ins neue Jahr hineinfeiern möchten.

Da am Ende einer so langen Feier ein gut gemachtes Büffet üblicherweise ziemlich „abgegrast" ist, freuen sich die Gäste bestimmt, wenn ihnen nach Mitternacht noch eine leckere Suppe angeboten wird.

Auch eine schöne Auswahl an köstlichen Getränken spielt eine große Rolle für das Gelingen der Feier.

Wenn Sie unter diesen schon recht schwierigen Umständen auch noch auf eine Low-Carb-Ernährung achten wollen, ist Ihnen dieses Buch bestimmt hilfreich…

Finger-Food

Schlemmer-Frikadellen:

Zutaten:

500	g	Rinder-Hackfleisch
1		Zwiebel
1		Ei
1	TL	Senf
		Salz, Pfeffer

Zubereitung:

Die Zwiebel schälen und würfeln, dann mit dem Hackfleisch, einem Eigelb (das Ei trennen und das Eiweiß anderweitig benutzen), Senf und etwas Salz und Pfeffer vermengen.

Raffinierte Käsefrikadellen

Zutaten:

300	g	Rinder-Hackfleisch
200	g	Schweine-Hackfleisch
200	g	geriebener Gouda-Käse
1		Charlotte
1		Ei

Salz, Pfeffer,
Paprika-Pulver (edelsüß)

Zubereitung:

Die Charlotte schälen und würfeln und danach mit dem Hackfleisch, dem Käse und dem Ei vermengen und dabei mit Salz, Pfeffer und Paprikapulver abschmecken.
Die fertige Masse zu Frikadellen formen und diese bei mittlerer Hitze beidseitig in der Pfanne braten, bis der flüssige Käse beginnt, herauszulaufen.
Dann aus der Pfanne nehmen und abkühlen lassen.

Party-Schnitzel in Mandel-Panade

Zutaten:

500	g	Schnitzelfleisch (je nach Geschmack Kalb, Schwein oder Geflügel)
100	g	Mandelmehl
2		Eier
		Salz, Pfeffer

Zubereitung:

Das Schnitzelfleisch in kleinere Stücke schneiden (Buffet-Häppchen-Größe), dann die Eier in eine Schüssel geben und mit Salz und Pfeffer mischen. Das Mandelmehl auf einem Teller ausbreiten. Das Fleisch wird nun in die Schüssel mit Ei getaucht und danach von beiden Seiten in das Mandelmehl gedrückt.
Die panierten Schnitzelstücke bei mittlerer Hitze in einer gut geölten Pfanne braten, bis sie goldgelb sind.

Roastbeef für Genießer

Zutaten:

2,5	kg	Roastbeef
3		Knoblauchzehen
		Salz, Pfeffer

Zubereitung:

Das Fleisch mit einem scharfen Messer von der Fettschicht und unerwünschten Sehnen befreien und danach ausgiebig mit Salz und Pfeffer würzen. Die Knoblauchzehen schälen und klein hacken (oder pressen) und in eine heiße, geölte Bratpfanne geben. Das Fleisch von allen Seiten scharf anbraten und danach in eine Auflaufform (oder auf ein tiefes Backblech) legen.
Bei 150 Grad in den vorgeheizten Backofen (Ober- und Unterhitze) geben.
Nach ca. 45 Minuten herausnehmen, abkühlen lassen und in feine Scheiben schneiden.

Hähnchenschenkel mit Rosmarin

Zutaten:

12   Hähnchenschenkel
          Salz,
          Paprikapulver (edelsüß)
          Rosmarin (frisch oder getrocknet)
          Öl

Zubereitung:

Den Backofen auf 160 Grad vorheizen (Ober- und Unterhitze).
In der Zwischenzeit die Hähnchen mit Salz, Paprikapulver und etwas Rosmarin bestreuen und auf ein gefettetes Backblech legen. Anschließend mit Öl bestreichen und für ca. 60 Minuten auf mittlerer Schiene in den Ofen geben.

Eierplatte mit Garnelen

Zutaten:

10   Eier (mittelgroß)
       gekochte Garnelen (ohne Schale)
       Remoulade

Zubereitung:

Geben Sie die Eier vorsichtig in einen Topf mit kochendem Wasser. Nach 9 Minuten herausnehmen und mit kaltem Wasser abschrecken.
Danach werden die Eier gepellt und halbiert auf eine Anrichteplatte gelegt.
Auf jede Eierhälfte kommt nun ein Klecks Remoulade, in den jeweils eine Garnele gesetzt wird.

Traumhafte Garnelenspieße

Zutaten:

40		Riesengarnelen (TK, geschält)
3		Knoblauchzehen
3	EL	Öl
		Salz, Pfeffer
		Chili-Pulver

Zubereitung:

In einer Schüssel eine Marinade aus Öl, klein gehacktem oder gepresstem Knoblauch, Salz, Pfeffer und Chili-Pulver anrühren. Die Garnelen hinein geben und für 2 Stunden ziehen lassen. Danach werden die Garnelen in ein Sieb geschüttet und auf Holz- oder Metallspieße gesteckt.
Die Garnelenspieße in der Pfanne bei mittlerer Hitze von beiden Seiten goldbraun braten.

Marinierte Riesengarnelen

Zutaten:

20		Riesengarnelen (mit Kopf & Schwanz)
2		Knoblauchzehen
		frischer Basilikum
		Salz, Pfeffer
4	EL	Olivenöl
		Cayennepfeffer

Würzige Champignonspieße

Zutaten:

250	g	Champignons
3	EL	Olivenöl
1	EL	Essig
		Salz, Pfeffer
		Chili-Pulver
		Oregano (getrocknet)

Zubereitung:

In einer Schüssel eine Marinade aus Öl, Essig, etwas Salz, Pfeffer, Chili-Pulver und Oregano anrühren. Die Champignons hinein geben und für 2 Stunden ziehen lassen.
Danach werden sie auf Spieße gesteckt und für ca. 15 Minuten in den vorgeheizten Ofen (200 Grad, Ober- und Unterhitze) gegeben.

Gefüllte Champignons mit Frischkäse

Zutaten:

500	g	große Champignons
400	g	Frischkäse
¼	Bund	Schnittlauch
1		Charlotte
		Salz, Pfeffer
		Öl

Zubereitung:

Die Champignons putzen und die Stiele entfernen (diese können für andere Rezepte, z.B. .20, „Serrano-Schinkenröllchen" verwendet werden).

Den Schnittlauch und die Charlotte hacken und mit dem Frischkäse und etwas Salz und Pfeffer vermengen. Diese Masse wird nun in die Champignons gefüllt.
Das Ganze mit Öl bestreichen und für etwa 15 Minuten in den vorgeheizten Ofen (180 Grad, Ober- und Unterhitze) geben.

Serrano-Schinkenröllchen mit Champignons

Zutaten:

100	g	Serrano-Schinken
100	g	Champignons
200	g	Feta-Käse
200	g	Frischkäse
¼	Bund	Petersilie
1		Charlotte
1	EL	Balsamico-Essig
		Salz, Pfeffer

Zubereitung:

Champignons, Feta-Käse, Petersilie und die Charlotte in kleine Stücke schneiden und mit dem Balsamico-Essig und etwas Salz und Pfeffer vermengen. Die Schinkenscheiben etwas überlappend auf einem Backpapier auslegen und mit dem Frischkäse bestreichen. Danach die Masse darauf verteilen und mit Hilfe des Backpapiers eine Rolle formen, die dann in Scheiben geschnitten wird.

Schlemmer-Tomaten mit Thunfisch-Füllung

Zutaten:

6	große	Tomaten
2	Dosen	Thunfisch
200	g	Frischkäse
1		Zwiebel
1	EL	Senf
½	Bund	Petersilie
		Salz, Pfeffer,

Zubereitung:

Den Stengelansatz kreisförmig aus den Tomaten herausschneiden. Anschließend die Kerne mit einem Teelöffel herausnehmen.

Zwiebel und Petersilie klein hacken und mit Frischkäse, Senf und etwas Salz und Pfeffer vermengen.
Dieser Salat wird nun in die Tomaten gefüllt.

Party-Pizza

Zutaten:

200 g		Schinken oder Salami (oder sonstiger Pizza-Belag)
200 g		Mandelmehl
200 g		passierte Tomaten
150 g		Magerquark
100 g		Gluten
100 g		geriebener Goudakäse
1		Ei
1		Hefewürfel
		Salz, Oregano
2	EL	Olivenöl

Zubereitung:

Mandelmehl, Gluten, Magerquark, Olivenöl und das Ei mit dem Hefewürfel und 150 ml Wasser vermengen, etwas Salz hinzufügen und das Ganze zu einem Teig verkneten. Dieser muss danach etwa 45 Minuten an einem warmen Ort ruhen und sollte dabei aufgehen.

Anschließend wird der Teig noch mal durchgeknetet und dann auf einem mit Backpapier ausgelegten Backblech in die gewünschte Form gebracht. Nach Belieben können nun viele kleine Pizzen oder eine große Pizza hergestellt werden. Für den Belag sind der Fantasie keine Grenzen gesetzt. Einfach passierte Tomaten darüber streichen, nach Wunsch mit Salami, Schinken oder aber auch mit Mais, Paprika, Pilzen u.s.w. belegen, Käse darüber streuen und mit etwas Oregano würzen. Zum Schluss kommt das Ganze für ca. 20 Minuten in den vorgeheizten Ofen (200 Grad, Ober- und Unterhitze).

Salate

Rucolasalat mit Parmaschinken

Zutaten:

200	g	Parmaschinken in Scheiben
150	g	Rucolasalat
2	EL	Olivenöl
1	EL	Senf
1	EL	Zitronensaft
		Salz, Pfeffer
		Flüssigsüßstoff

Zubereitung:

Aus Öl, Zitronensaft und Senf ein Dressing anrühren, die mit Salz, Pfeffer und Flüssigsüßstoff abgeschmeckt wird.
Den Rucolasalat putzen und mit dem Dressing übergießen.
Schließlich werden die Schinkenscheiben darüber verteilt.

Rapunzel mit Käse

Zutaten:

200	g	Emmentaler Käse am Stück
150	g	Feldsalat
4		eingelegte Gurken
50	g	Wahlnüsse
1		Charlotte
½	Bund	Schnittlauch
2	EL	Essig
2	EL	Öl
1	EL	Senf
		Salz, Pfeffer
		Flüssigsüßstoff

Zubereitung:

Den klein gehackten Schnittlauch zusammen mit Essig und Öl in eine Schüssel geben und mit Senf sowie etwas Flüssigsüßstoff, Salz und Pfeffer zu einem Dressing verrühren

Die Gurken und die Charlotte werden in feine Streifen geschnitten und mit dem geputzten Feldsalat vermengt.
Darüber wird das Dressing gegossen.
Die Walnüsse werden kurz in einer geölten Pfanne gerüstet und darüber gegeben.

Schließlich wird der Käse in feine Streifen geschnitten und über dem Salat verteilt.

Eisbergsalat mit Putenfiletstreifen

Zutaten:

200	g	Putenfilet
150	g	Eisbergsalat
50	g	Pinienkerne
1		Charlotte
2	EL	Sahne
1	EL	Essig
		Salz, Pfeffer
		Flüssigsüßstoff

Zubereitung:

Die Sahne mit dem Essig, etwas Salz, Pfeffer und Süßstoff zu einem Dressing verrühren.
Den Salat waschen, in kleine Stücke schneiden und mit dem Dressing übergießen.
Pinienkerne kurz in der Bratpfanne anrösten und darüber geben.

Danach das Putenfilet in feine Streifen schneiden, mit Salz und Pfeffer würzen und in einer leicht geölten, heißen Bratpfanne von beiden Seiten kurz anbraten.
Schließlich werden die Filetstreifen über den Salat gegeben.

Tomatensalat mit Feta-Käse

Zutaten:

500	g	Cocktailtomaten
200	g	Feta-Käse
$\frac{1}{2}$	Bund	frischer Basilikum
3	EL	Öl
2	EL	Essig
1		Zwiebel
		Salz, Pfeffer

Zubereitung:

Die Cocktailtomaten waschen, halbieren und in eine Schüssel geben. Die Zwiebel schälen, klein hacken und darüber streuen. Danach Basilikumblätter darauf verteilen.
Den Feta-Käse in kleine Würfel schneiden und über den Salat geben.
Aus Öl, Essig, Salz und Pfeffer ein Dressing anrühren und darüber gießen.

Süßer Krautsalat

Zutaten:

300	g	Weißkohl
1		Zwiebel
3	EL	Öl
2	EL	Essig
		Salz, Pfeffer
		Flüssigsüßstoff

Zubereitung:

Den Weißkohl und die geschälte Zwiebel in schmale Streifen schneiden und vermengen.

Öl, Essig, Salz Pfeffer und Süßstoff zu einem Dressing verrühren und darüber geben.

Fleischsalat mit Käse

Zutaten:

500	g	Fleischwurst
200	g	Emmentaler Käse
200	g	Majonäse
5		eingelegte Gurken
1		Zwiebel
$\frac{1}{2}$	Bund	Schnittlauch
2	EL	Senf
1	EL	Essig
		Salz, Pfeffer

Zubereitung:

Fleischwurst, Käse, Gurken und Zwiebel (geschält) werden in Stücke geschnitten und vermengt.

Die Majonäse wird mit Senf, Essig und gehacktem Schnittlauch zu einem Dressing verrührt und mit Salz und Pfeffer abgeschmeckt.
Zum Schluss das Dressing über den Salat geben und durchrühren.

Lollo Rosso mit Räucherlachs

Zutaten:

200	g	Räucherlachs in Scheiben
150	g	Lollo Rosso
2	EL	Zitronensaft
2	EL	Sahne
		Salz, Pfeffer
		Flüssigsüßstoff

Zubereitung:

Den Salat waschen und klein schneiden.

Aus Zitronensaft und Sahne ein Dressing anrühren und mit Salz, Pfeffer und Süßstoff abschmecken. Das Dressing über den Salat geben und anschließend den Räucherlachs darüber verteilen.

Chicoree-Salat mit gebratenen Pfifferlingen

Zutaten:

150	g	Chicoree
150	g	Pfifferlinge
1		Charlotte
2	EL	Sahne
1	EL	Essig
		Salz, Pfeffer
		Flüssigsüßstoff

Zubereitung:

Den Chicoree waschen und klein schneiden.

Aus Sahne, Essig, Salz, Pfeffer und Süßstoff ein Dressing anrühren und darüber geben.

Die Charlotte schälen, klein hacken und zusammen mit den Pfifferlingen in einer heißen, geölten Bratpfanne kurz anbraten. Mit Salz und Pfeffer abschmecken und über den Salat geben.

Suppen

Deftige Goulaschsuppe

Zutaten:

500	g	Rindergoulasch
500	g	Schweinegoulasch
250	g	Paprikaschoten (bunt)
200	g	Champignons
2		Zwiebeln
50	g	Tomatenmark
		Salz, Pfeffer,
		Paprikapulver (edelsüß)
		Johannisbrotkernmehl
		Öl

Zubereitung:

Das Fleisch klein schneiden und in einem Topf mit etwas Öl anbraten.
Zwiebeln, Champignons und Paprika hinzufügen, anschwitzen und mit Salz, Pfeffer und Paprikapulver großzügig würzen.

Dann 1 Liter heißes Wasser und das Tomatenmark dazu geben und verrühren.

Einen Deckel auf den Topf legen, das Ganze für etwa 90 Minuten auf kleiner Flamme köcheln lassen und dabei gelegentlich umrühren.

Zum Schluss mit etwas Johannisbrotkernmehl abbinden und gegebenenfalls nachwürzen.

Tomatensuppe mit Lachs

Zutaten:

1	kg	geschälte Dosentomaten
400	g	roher Lachs (TK)
200	ml	Sahne
50	g	Tomatenmark
2		Zwiebeln
		Salz, Pfeffer, Oregano
		Öl

Zubereitung:

Zwiebeln schälen, würfeln und in einem Topf mit etwas Öl anschwitzen.
Die Dosentomaten und das Tomatenmark dazu geben.

200 ml heißes Wasser dazu gießen und unter gelegentlichem Rühren 20 Minuten kochen lassen.

Dann mit Salz, Pfeffer und Oregano würzen, mit einem Zauberstab pürieren und gleichzeitig die Sahne hinzufügen.
Zum Schluss den Lachs in Streifen schneiden und in die heiße Suppe legen. Er gart dort ohne weitere Hitzezufuhr.

Käse-Lauch-Suppe mit Rinder-Hackfleisch

Zutaten:

1	kg	Lauch
500	g	Rinder-Hackfleisch
400	g	geriebener Gouda
2		Zwiebeln
3		Knoblauchzehen
		Salz, Pfeffer
		Johannisbrotkernmehl
		Öl

Zubereitung:

Das Hackfleisch mit etwas Öl in einem Topf anbraten.
Die geschälten und gewürfelten Zwiebeln und die fein gehackten oder gepressten Knoblauchzehen hinzufügen und anschwitzen.

Dann den in Ringe geschnittenen Lauch dazu geben und einen Liter heißes Wasser darüber gießen.
Die Suppe für etwa 20 Minuten kochen lassen.

Dann wird der geriebene Käse dazu gegeben. Das Ganze wird umgerührt, bis der Käse komplett geschmolzen ist.
Mit Salz und Pfeffer würzen und eventuell mit etwas Johannisbrotkernmehl abbinden.

Zwiebelsuppe mit Parmesan

Zutaten:

1	kg	Zwiebeln
150	g	Parmesan (am Stück)
½		Bund Schnittlauch
		Salz, Pfeffer
		Öl

Die Zwiebeln schälen, klein schneiden und in einem Kochtopf mit etwas Öl anschwitzen, bis sie leicht braun werden. Dann wird 1 Liter heißes Wasser dazu gegeben.
Das Ganze wird einmal aufgekocht und dann für etwa 20 Minuten auf kleiner Flamme weiter geköchelt.
Zum Schluss wird der klein gehackte Schnittlauch hinzugefügt und mit Salz und Pfeffer abgeschmeckt.

Erst beim Servieren wird auf jede Schüssel Suppe etwas Parmesan-Käse gerieben.

Kürbis-Suppe mit Sonnenblumenkernen

Zutaten:

500	g	Butternut-Kürbis
2		Knoblauchzehen
100	g	Sonnenblumenkerne (geschält)
		Salz, Pfeffer
		Öl

Zubereitung:

Den Kürbis schälen, entkernen und in Stücke schneiden. Dann wird er zusammen mit dem geschälten und klein gehackten Knoblauch in einem Topf mit etwas Öl angebraten.
½ Liter heißes Wasser dazu geben und etwa 30 Minuten unter gelegentlichem Umrühren köcheln lassen.
Danach mit dem Zauberstab pürieren und mit Salz und Pfeffer abschmecken.

Beim Servieren ein paar Sonnenblumenkerne darüber geben.

Champignoncremesuppe mit Petersilie

Zutaten:

1	kg	Champignons
½	Bund	Petersilie
600	ml	Sahne
		Salz, Pfeffer
		Öl

Zubereitung:

Die Pilze klein schneiden und in einem Topf mit etwas Öl anbraten.
½ Liter heißes Wasser und die Sahne hinzufügen und etwa 20 Minuten köcheln lassen.
Danach mit einem Zauberstab pürieren und mit Salz und Pfeffer abschmecken.

Beim Servieren mit etwas klein gehackter Petersilie bestreuen.

Bunte Gemüsesuppe mit Fleischbällchen

Zutaten:

250	g	Rinder-Hackfleisch
200	g	Paprika (bunt)
100	g	grüne Bohnen
100	g	Zucchini
2		Zwiebeln
2		Knoblauchzehen
1		Ei
		Salz, Pfeffer
		Öl

Zubereitung:

Das Hackfleisch mit Salz, Pfeffer und einem Eigelb vermengen und zu kleinen Fleischbällchen formen.
Paprika, Bohnen, Zucchini und Zwiebeln (geschält) klein schneiden.

Die Fleischbällchen werden in einem Topf mit etwas Öl leicht angebraten. Dann wird das Gemüse dazu gegeben und der Knoblauch hinein gepresst. Alles leicht anrösten und dann 2 Liter heißes Wasser dazu gießen.
Das Ganze auf kleiner Flamme für etwa 30 Minuten köcheln lassen.

Zum Schluss wird die Suppe mit Salz und Pfeffer abgeschmeckt.

Fischsuppe mit Meerrettich

Zutaten:

1	kg	Pangasius-Filet
250	g	Paprika (bunt)
3		Zwiebeln
3		Knoblauchzehen
100	g	Meerrettich
1	Bund	Petersilie
2		Eier
		Salz, Pfeffer
		Öl

Zubereitung:

Die Zwiebeln schälen, würfeln und zusammen mit den ebenfalls klein geschnittenem Paprika in einem Topf mit etwas Öl anschwitzen. Den Knoblauch hinein pressen und 2 Liter heißes Wasser hinzufügen.
Den Meerrettich hinein reiben.

Den in Stücke geschnittenen Fisch hinzufügen und 20 Minuten auf kleiner Flamme köcheln lassen.

Mit Salz und Pfeffer würzen und die gehackte Petersilie hinzufügen.
Jetzt noch die Eier hinein geben, umrühren und etwas abkühlen lassen.

Getränke

Erfrischende Zitronen-Limetten-Bowle

Zutaten:

3		Zitronen
1		Limette
1	Fl.	Trockener Sekt
1	Fl.	Mineralwasser m. Kohlensäure
		Flüssigsüßstoff
		Eiswürfel

Zubereitung:

Zwei Zitronen pressen und den Saft in einen Krug füllen. Eine Zitronen und eine Limette schälen, in Stücke schneiden und dazu geben.
Eine Flasche Sekt darauf gießen und mit Süßstoff abschmecken.
Erst kurz vor dem Servieren mit einer Flasche Mineralwasser aufgießen und Eiswürfel dazu geben.

Alkoholfreie Erdbeer-Bowle mit Zitrone

Zutaten:

1	kg	Erdbeeren
2		Zitronen
2	Fl.	Mineralwasser m. Kohlensäure
		Flüssigsüßstoff
		Eiswürfel

Zubereitung:

Zwei Zitronen auspressen und den Saft in einen Krug gießen.
Die Erdbeeren halbieren und zusammen mit einer Flasche Mineralwasser hinzu geben.

Das Ganze verrühren und mit Süßstoff abschmecken.

Erst kurz vor dem Servieren mit einer weiteren Flasche Mineralwasser aufgießen und Eiswürfel dazu geben.

Fruchtige Holunder-Bowle mit Schuss

Zutaten:

1	kg	Holunderbeeren
1	Fl.	trockener Weißwein
1	Fl.	Mineralwasser m. Kohlensäure
		Wodka
		Flüssigsüßstoff
		Eiswürfel

Zubereitung:

Die Holunderbeeren waschen und die Stiele entfernen. Eine Handvoll Beeren wird nun mit einer Gabel oder in einem Mörser zerquetscht und in einen Krug gefüllt. Die restlichen Beeren werden dazu gegeben.
Dann wird eine Flasche Weißwein in den Krug gegossen und das Ganze mit etwas Süßstoff und einem Schuss Wodka abgeschmeckt.
Pünktlich zum Servieren wird noch eine Flasche Mineralwasser und ein paar Eiswürfel dazu gegeben.

Prickelnder Himbeer-Traum

Zutaten:

1	kg	Himbeeren
1	Fl.	trockener Sekt
1	Fl.	trockener Rose-Sekt
		Eiswürfel

Zubereitung:

Die Himbeeren waschen und in einen Krug füllen. Darüber wird nun der Rose-Sekt gegossen.

Erst zum Servieren wird der Krug mit dem weißen Sekt und ein paar Eiswürfeln aufgefüllt.

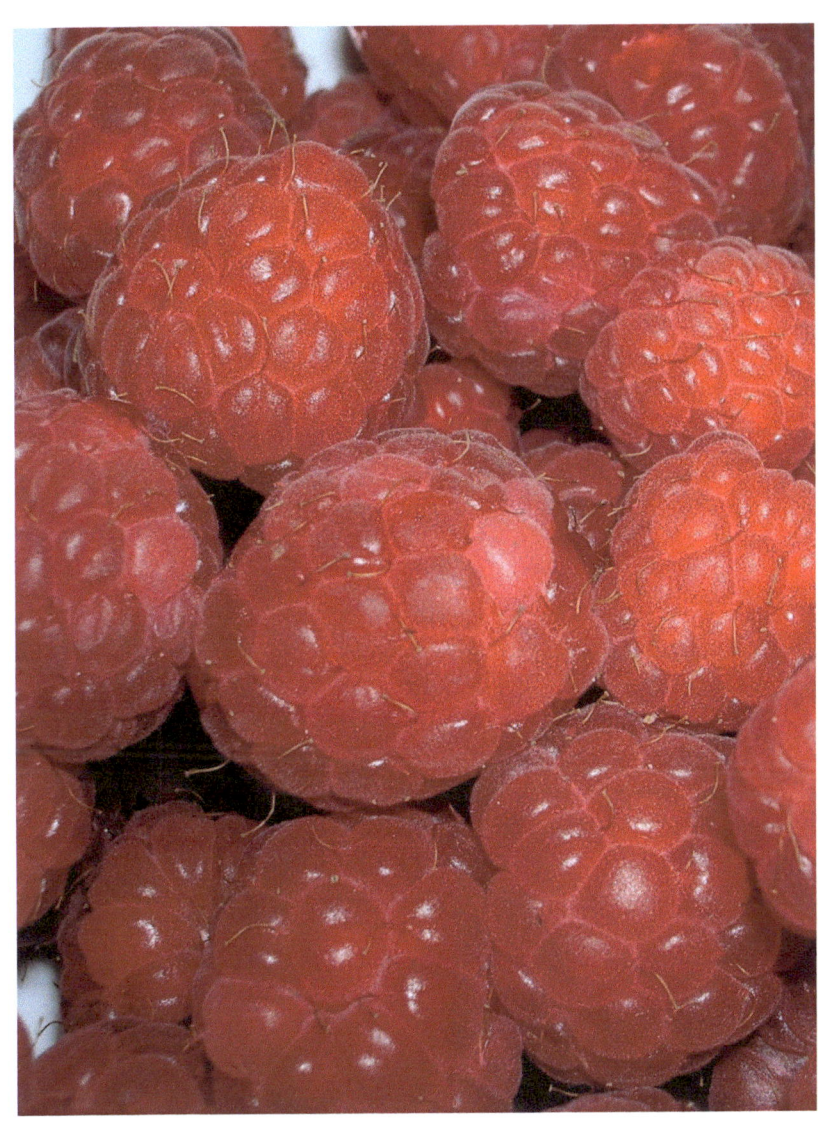

Tropischer Kiwi-Genuss

Zutaten:

Coole Johannisbeer-Bowle (auch für Kinder)

Zutaten:

500	g	Johannisbeeren
3		Zitronen
2	Fl.	Mineralwasser m. Kohlensäure
		Flüssigsüßstoff

Zubereitung:

Die Beeren werden gewaschen. Dann wird jeweils eine Beere in ein Fach eines Eiswürfelrahmens gelegt. Anschließend werden 3 Zitronen ausgepresst. Der Saft wird mit Süßstoff verrührt und anschließend in die Eiswürfelrahmen gegossen. Das Ganze wird eingefroren.

Anschließend die fruchtigen Eiswürfel in einen Krug geben und mit Mineralwasser aufgießen.

„Prost!"

Impressum:

Titel:	Meine Low-Carb-Sylvester-Party, Finger-Food, Mitternachts-Suppen und coole Getränke
Autor:	Lisa Messner

Bildquellen:

Titelbild:		www.pixabay.com/ sylvester-686224.jpg
Seite	6	www.pixabay.com/ meatballs-338292.jpg
Seite	10 o.	www.pixabay.com/ schnitzel-961126.jpg
Seite	10 u.	www.pixabay.com/ beef-84534.jpg
Seite	13 o.	www.pixabay.com/ chicken-660447.jpg
Seite	13 u.	www.pixabay.com/ food-964862.jpg
Seite	18	www.pixabay.com/ mushroom-817845.jpg
Seite	21	www.pixabay.com/ firework-507619.jpg
Seite	23	www.pixabay.com/ tomato-838947.jpg

Seite	25	www.pixabay.com/ pizza-806087.jpg
Seite	26	www.pixabay.com/ salad-742569.jpg
Seite	29	www.pixabay.com/ salad-264826.jpg
Seite	31	www.pixabay.com/ pine-nuts-989245.jpg
Seite	32	www.pixabay.com/ salad-754375.jpg
Seite	35 o.	www.pixabay.com/ sparkler-677774.jpg
Seite	35 u.	www.pixabay.com/ white-gabbage-432608.jpg
Seite	39 o.	www.pixabay.com/ mushrooms-69076.jpg
Seite	39 u.	www.pixabay.com/ streamer-676690.jpg
Seite	40	www.pixabay.com/ soup-570922.jpg
Seite	41	www.pixabay.com/ soup-622737.jpg
Seite	43	www.pixabay.com/ goulash-505666.jpg
Seite	45	www.pixabay.com/ tomato-soup-482403.jpg
Seite	46	www.pixabay.com/ knife-464879.jpg
Seite	49 o.	www.pixabay.com/ onion-657497.jpg
Seite	49 u.	www.pixabay.com/ parmesan-3523.jpg
Seite	51	www.pixabay.com/ butternut-squash-109131.jpg
Seite	53	www.pixabay.com/ mushrooms-2167.jpg

Seite	55	www.pixabay.com/ vegetables-1033831.jpg
Seite	57	www.pixabay.com/ sea-749619.jpg
Seite	58	www.pixabay.com/ cocktail-874045.jpg
Seite	59	www.pixabay.com/ cocktail-874046.jpg
Seite	61	www.flickr.com/ zitrone-lemon-green-3418308.jpg
Seite	63	www.flickr.com/ strawberry-erdbeere-erdbeeren-259680-o.jpg
Seite	65	www.pixabay.com/ elder-693931.jpg
Seite	67	www.pixabay.com/ raspberry-543062.jpg
Seite	69	www.pixabay.com/ kiwi-958050.jpg
Seite	71	www.flickr.com/ schwarze-ribes-nigrum-13084988-o.jpg
Seite	75 o.	www.pixabay.com/ fireworks-574739.jpg
Seite	75 u.	www.pixabay.com/ champagne-glasses-162801.jpg